सर्जना

(खण्डकाव्य)

डॉ. रंजना वर्मा

pencil

ISBN 978-93-5458-403-9
© डॉ. रंजना वर्मा 2021
Published in India 2021 by Pencil

A brand of
One Point Six Technologies Pvt. Ltd.
123, Building J2, Shram Seva Premises,
Wadala Truck Terminal, Wadala (E)
Mumbai 400037, Maharashtra, INDIA
E connect@thepencilapp.com
W www.thepencilapp.com

DISCLAIMER: *The opinions expressed in this book are those of the authors and do not purport to reflect the views of the Publisher.*

Author biography

नाम -

डॉ. रंजना वर्मा

जन्म -

15 जनवरी 1952, जौनपुर (उ0 प्र0) में।

शिक्षा-

एम. ए. (संस्कृत, प्राचीन इतिहास) पी0 एच0 डी0 (संस्कृत)

लेखन एवम् प्रकाशन -

वर्ष 1967 से देश की लब्ध प्रतिष्ठ पत्र पत्रिकाओं में, हिंदी की लगभग सभी विधाओं में । कुछ रचनाएँ उर्दू में भी प्रकाशित ।

प्रकाशित कृतियाँ -

साई गाथा (महाकाव्य)। अश्रु - अवलि, सर्जना, समर्पिता, सावन, प्रवासी, कैकेयी का मनस्ताप, वैदेही व्यथा, संविधान निर्माता, द्रुपद - सुता, सुदामा (सभी खण्ड काव्य), चन्द्रमा की गोद में (बाल उपन्यास), समृद्धि का रहस्य, जादुई पहाड़, मङ्गला, पोंगा पण्डित,(सभी बाल कथा संग्रह), मुस्कान (बाल गीत संग्रह), फुलवारी (शिशु गीत संग्रह)। जज़्बात, ख्वाहिशें, एहसास, प्यास, रंगे उल्फ़त, गुंचा, रौशनी के दिए, खुशबू रातरानी की, ख़्वाब अनछुए , शाम सुहानी, यादों के दीप, मंदाकिनी, आस किरन, बूँद बूँद आँसू (सभी ग़ज़ल संग्रह)। गीतिका गुंजन, सरगम साँसों की, रजनीगन्धा, भावांजलि (गीतिका संग्रह), सत्यनारायण कथा (पद्यानुवाद)। मुक्तक मुक्ता, मुक्तकाञ्जलि, मन के मनके (सभी मुक्तक संग्रह)। दोहा सप्तशती । एक हवेली नौ अफ़साने, रास्ते प्यार के, अमला, पायल, अतीत के पृष्ठ (उपन्यास)। सूर्यास्त, सिंधु-सुता, परी है वो (कहानी संग्रह)। साँझ सुरमयी, गीत गुंजन, गीत धारा , मीत के गीत, आ जा मेरे मीत,(सभी गीत संग्रह)। बसन्त के फूल (कुण्डलिया संग्रह)। चुटकी भर रंग, जुगनू (दोनों हाइकु संग्रह)।

चंदन वन (तांका संग्रह), इंद्रधनुष (चोका संग्रह), मेहंदी के बूटे (सेदोका संग्रह), नयी डगर (वर्ण पिरामिड संग्रह)।

'लौट आओ रुद्र' (उपन्यास का पूर्वार्द्ध) प्रेस में।

सम्पादन -

मन के मोती, मकरंद , सौरभ, मौन मुखरित हो गया (चारो कविता संग्रह), अँजुरी भर गीत (गीत संग्रह), शेष अशेष (स्मृति ग्रन्थ), हास्य प्रवाह (हास्य व्यंग्य कविताओं का संग्रह, थूकने का रहस्य, करामाती सुपारी (दोनों हास्य व्यंग्य संग्रह)।

प्रसारण -

गीत, वार्ता, तथा कहानियों का आकाशवाणी, फैज़ाबाद से समय समय पर प्रसारण ।

सम्मान -

श्रीमती राजकिशोरी मिश्र सम्मान, श्रीमती सुभद्रा कुमारी चौहान स्मृति सम्मान, काव्यालंकार मानद उपाधि, छन्द श्री सम्मान, कुंडलिनी गौरव सम्मान, ग़ज़ल सम्राट सम्मान, श्रेष्ठ रचनाकार सम्मान, मुक्तक गौरव सम्मान, दोहा शिरोमणि सम्मान, सिंहावलोकनी मुक्तक भूषण सम्मान, दोहा मणि सम्मान।

सम्प्रति -

सेवा निवृत्त प्रधानाचार्या(रा0 बा0 इ0 कालेज जलालपुर, जिला अम्बेडकरनगर उ0 प्र0) से।

सम्पर्क सूत्र - ranjana.vermadr@gmail.com

CONTENTS

अनुक्रम

वन्दना

"----------
कहो प्रभु ! क्या तुम्हारी
सर्जना की प्रेरणा थी ?
समय की हार थी वह या
प्रलय   की   वेदना   थी ?

रही जो भी तुम्हारी प्रेरणा जानो तुम्ही अब ,
तुम्हारे दास हम अपना हमें मानो तुम्ही अब ।

हमें दी प्रेरणा   तुमने
तुम्हीं अब लाज रखना ,
हँसी अब हो न जग में
तुम्हीं ऐसा काज करना ।

तुम्हारी सर्जना विभु है, हमारी लेखनी सीमित ,
मगर जो धृष्टता की है उसे प्रभु तुम क्षमा करना ।

मेरे मोहन, तुम्ही फिर लाज
कृष्णा की बचा लेना ,
तुम्हीं इस लेखनी की ज्योति से
जग   की   अमा   हरना ।

समर्पित प्राणपति तुमको तुम्हारा काव्य यह अद्भुत

अधूरा रह न जाए प्रभु इसे पूरी तुम्हीं करना ॥"

- डॉ. रंजना वर्मा

12 - 6 - 1972

उच्छवास

गगन में घोर घनों को देख
तिमिर घिर आता नैनो बीच ।
तड़प उठती जीवन का रूप
उच्छवसित मन - वीणा को खींच ॥

खींच जीवन वीणा के तार
काँप उठता विस्मृति का लेख ।
सिहर उठती सांसे उद्भ्रांत
घिरे घनघोर घनों को देख ॥

लिए जग का भीषण उपहास
बहे जब चंचल चपल समीर ।
देख कर वह विनाश साहास
विकल मन होता अधिक अधीर ॥

तड़पकर अकुला उठते प्राण
छोड़ने को जीवन का मोह ।
सिहर मन होता अति भयभीत
भावना भी कर उठती द्रोह ॥

असित घन घिरते हैं नभ बीच
    खिंची जाती थी रेखा एक ।
        करे जीवन प्राणों को भिन्न
            कर रही सी यम का अभिषेक ॥

बढ़ा आता ज्यों झंझावात
    हो रहा भाग्य सूर्य सा अस्त ।
        फिर रहा है जीवन विश्रांत
            हो रहा है जग कैसा व्यस्त ॥

प्रलय का है क्या झंझावात
    आंधियां चलीं क्षितिज की ओर ।
        उमड़ता सा जलनिधि का राज
            दिशा का कोई ओर न छोर ॥

घिर गए काले घन नभ बीच
    छुप गए हैं सारे नक्षत्र ।
        हो रहे दिनकर शशि भयभीत
            टूटता नीले व्योम का छत्र ॥

कहाँ से उठी ज्वाल सी आह
        चीखता क्यों जीवन आक्रांत ?
            कहाँ वह मधुरिम स्वर्ण अतीत
                कहाँ वह सुखमय जीवन शांत ॥

वेदनामय किसका निः श्वास
        छा रहा बन आंधी जग बीच ?
            कौन पीड़ित है किससे आज
                पिस रहा कौन पाटकों बीच ॥

गूंजती है यह किसकी आह
        दीन है जीवित जग में कौन ?
            बसाए जीवन में अभिशाप
                जल रहा किसका जीवन मौन ?

अरे यह किसकी आह कराह
        रुदन किसका इस वन में आज ?
            आ गया है किस का दुर्भाग्य
                सजा कर अपना भीषण साज ?

कौन रोया उपवन के बीच
झर गये हर डाली से फूल ?
कौन सिसका भू पर किस ओर
उठ गई हरियाली पर धूल ॥

कौन जीता सिसकी के बीच
अरे हिचकी लेता है कौन ?
रुदन का यह कैसा उच्छवास
प्रकृति भी होती जाती मौन ॥

सरस उपवन होता पतझार
झरे जाते वन वन के फूल ।
विरस होती हरियाली आज
चुभे जाते हाथों में शूल ॥

निराशा घोर घनों के बीच
चमक उठती चपला की धार ।
हो रही तक्षण किंतु विलीन
हो गई क्या आशा की हार ?

अभागा किसका जीवन हाय
सिसकता है वसुधा पर आज ?
हो गया जो बसंत का अंत
छा गया पतझड़ का साम्राज्य ।।

किधर है कौन दुखी जग बीच
कहां है उसका वास निवास ?
कहां है उसका सुखद अतीत
कहां उसका मोहक उल्लास ?

विकल किस निर्जन पथ पर आज
पथिक बढ़ते जाते क्या सोच ?
नहीं तुमको जीवन से मोह
बसा मन में कैसा संकोच ?

किधर से तुम आए सुकुमार
विकल मन के उपवन में हाय ?
जला जाए जो मन उन्मत्त
कहो उसका अब कौन उपाय ?

अपरिचित इस अंतर में आज
लगी है अब करुणा की आग ।
सलज उजले आंचल पर हाय
लगे लाखों कलंक के दाग ॥

संवारा था जो उपवन मित्र
अचल था जिसका वास निवास,
रहे जिससे हरदम निश्चिंत
किया जिस पर हमने विश्वास ॥

वही उपवन जीवन का आज
हुआ जाता है बस पतझार ।
सूखते हैं तरु कुसुम समाज
विरस होता है मन का प्यार ॥

अचल भोली पलकों की ओट
हंसे थे जब नैना सुकुमार ,
विहंसता था जब मन का गीत
झलकता था आंखों में प्यार ॥

वही आंखें अब भी सुकुमार
वही मेरे मन में है प्यार ।
किंतु अब चपल पटों के बीच
मचलती है आंसू की धार ॥

कभी करके बदली की ओट
हंसा नभ में चंदा मुख फेर ।
दृगो में भर अनुपम चापल्य
निहारा उसको काफी देर ॥

खिला जब-जब उपवन में फूल
खिली कलिका सुमनों के बीच ।
बो दिए उपवन में लघु बीज
बढ़ाया स्नेह सुधा से सींच ॥

जला कर दीपों के शत थाल
सजाया था आँगन के बीच ।
दुखी शिशु के आंसू के हार
चुने मैंने बाहों में भींच ॥

खिले जब जब ममता के फूल
छलक आया आंखों में प्यार ।

बही सरिता सनेह की एक
झलक आई आंसू की धार ॥

अधर की रक्तिम आभा बीच
खिला अनुपम मुक्ता सा हास ।
दबा कर पीड़ा का संगीत
हँसा खिल कर मन का उल्लास ॥

झलक आया मुख पर उन्माद
हृदय का टूटा धीरज बंद ।
बिखरती हो ज्यों कविता एक
तोड़ कर सारे बंधन छंद ॥

तड़पता है जीवन का प्यार
छलकती है आंसू की धार ।
हृदय होता जाता उन्मत्त
बिखरते हैं ममता के हार ॥

कहां जीवन का मधु उल्लास
कहां मदिरा की लाली मत्त ।
कहां जलती ईर्ष्या की आग

चाहता कौन हृदय का रक्त ?

सिसकते इन अधरों के बीच
छिपी है आंसू की मुस्कान ।
हृदय की पीड़ा में भी आज
करूंगी जीवन की पहचान ॥

विधाता के मधुशाला द्वार
खुले हैं पी ले तू भी आज ।
न होना पर साथी मदमस्त
बचा लेना जीवन की लाज ॥

सजी मदिरा की प्याली एक
भरी पीड़ा की मदिरा मूक ।
बसाएगा अधरों में राग
हृदय को चीर करेगा टूक ॥

बहेगा जीवन में सुकुमार
हवा का बिखरा झोंका एक ।
विकल मन धर लेगा फिर धीर
व्यथा की अचल घटा को देख ॥

सजल नैनों में अनुपम प्यार
भरे मुस्कायेगा मन - रूप ।
हँसेगा जीवन होकर मस्त
खिलेगी जब पीड़ा की धूप ॥

০০০০০০

जीवन

घन नीला था निर्मल था
   घन रहित गगन का तल था,
      धरती   पर   थी   हरियाली
         दिग का बाना उज्जवल था ॥

जन जन के व्याकुल उर में
   जीवन की आकुलता थी,
      आशामय जग जीवन था
         आकुलता हर्षलता थी ॥

नभ के नीले आंगन में
   तारों के सुमन विहँसते,
      धरती पर सुमन सलोने
         खिलते थे हँसते-हँसते ॥

जीवन में थीं मुस्कानें
   मुस्कानों में आशा थी,
      आशा में कोमल सपने
         आगत की मृदु भाषा थी ॥

उपवन में सुमन विहँसते
    उमगी थी डाली डाली ,
        विहगों की पंचम तानें
            फूटी थीं मधु स्वर वाली ।।

खेतों में थी हरियाली
    परसी बालों की थाली,
        सरिता में छल छल जल था
            लहरें थीं मुक्ता वाली ।।

दिग दिग मे था नवजीवन
    जीवन में कोलाहल था,
        कोलाहल में चंचलता
            चंचलता में संबल था ।।

जग का मधुमय कोलाहल
    कोकिल की मीठी वाणी,
        नव आम्र वनों में मचलीं
            परिचय की मृदु मुुुसकानें ।।

जगजीवन किंतु विकल था
स्वारथ का वृक्ष हरा था,
निज पर के दो पलड़ों पर
जीवन का बोझ धरा था ॥

चंचल विद्रुम शाखों पर
कुछ सुफल फले थे सुंदर,
अधिकार जता कर अपना
संघर्षित जाते थे मर ॥

बागों में कोकिल के स्वर
वन में मयूर का नर्तन,
चातक के पी पी स्वर में
था सदियों का आवर्तन ॥

प्रिय अरुण उषा को लेकर
प्रति प्रातः बन आता था ,
फिर प्रखर रश्मि को रवि की
कुछ दे कर छिप जाता था ॥

दिल उजला उजला जग को
था कर्म - संदेश सुनाता,
जाते जाते संध्या का
था घूंघट सरका जाता ॥

दिनकर को मौन विदा दे
संध्या नागरि अलबेली,
सजती सिंगार करती थी
दिनकर की वधू नवेली ॥

सज धज कर जब दर्पण में
विधु मुख चमकाती आली ,
झलमल झल करने लगती
वह चूनर तारों   वाली ॥

जग शिशु को थपकी देती
सपनों की सैर कराती ,
रजनी उर में घुल मिल कर
वह मौन निशा बन जाती ॥

फिर भोर हुए संध्या का
सिंगार बिखर जाता था ,
वह लाज भरी जाती थी
तब अरुण कुंवर आता था ।।

थे स्वर्णिम दिवस सलोने
इस विधना की क्यारी में ,
खिलती थी निशा नवेली
धरती की फुलवारी में ।।

फिरते थे मुक्त गगन में
घन के नन्हे शिशु छौने,
नव सुमन सदृश खिल पड़ते
थे दिग दिगंत के कोने ।।

नभ की नीलम आभा थी
धरती की हरित प्रभा थी,
दोनों के बीच विहँसती
सृष्टा की सौम्य सभा थी ।।

जग जीवन सुखमय अनुपम
सुख दुख का ताना-बाना,
अपने पर की ममता में
जीवन का मधुमय गाना ॥

जीवन जैसे समरांगण
है इसकी अकथ कहानी,
है नित नवीन यह फिर भी
कितनी जानी पहचानी ॥

हैं समय पटल पर बिखरे
कुछ सपने थोड़े वादे,
संकल्पों की धाराएँ
कुछ चाहें और इरादे ॥

सुख से कोई व्याकुल तो
रोता था कोई दुख से ,
था कहीं बांटता कोई
सुख दुख से दुख को सुख से ॥

जीवन के चित्र अनेकों

जग के पथ पर चित्रित थे ,
  भूतल की मृदु माटी में
    आशाओं से सिंचित थे ॥

वैभव का लिए खजाना
  कोई था पूर्ण स्वयं में ,
   पर्याप्त यही थी सीमा
    खोया था अहं वयं में ॥

वैभव मद में मतवाला
  जगदीश्वर सम बन रहता ,
   अपनी ऐश्वर्य कथाएं
    था बार-बार जो कहता ॥

था नहीं जानता जग में
  दुख का है कैसा बाना,
   आना ही जिसने जाना
    जो जान न पाया 'जाना' ॥

सुख ही था जिसने देखा
  दुख से न कर सका परिचय,

खोने का अवसर खो कर
उसने पाया था 'संचय' ॥

सीमा कुबेर सम धन की
सुख में नरेश था सानी ,
आपस में भिन्न बताएं
फिर भी थी एक कहानी ॥

ऊंचे विशाल प्रासादों में
था   आवास अनोखा ,
स्वर्णिम किरणों का स्वागत
करता था नील झरोखा ॥

नीलम पन्ने की छवि भी
रत्नों के बिंब छलकते ,
नयनों के मद प्यालों में
खुशियों के नीर छलकते ॥

आशा ही - केवल आशा
थी सिद्धि उन्हीं की दासी ,
पर फिर भी रह जाती थीं

आँखें प्यासी की प्यासी ॥

हे तुच्छ विभव को समझे
वे नर - यह सब अपना है,
कोई   कैसे   समझाता
जग झूठा है सपना है ॥

उनके तर्कों के आगे
झूठे प्रमाण थे सारे,
प्रत्यक्ष साथ था उनके
पीछे की कौन विचारे ॥

इंद्रिय सुख स्वर्ग सदा ही
रहता कदमों के नीचे ,
नयनों के मृदु कोणों ने
जिनके अंतर थे मीचे ॥

जीवन यथार्थ था उनका
इससे न अधिक कुछ जाना ,
जिस हेतु जिया है जीवन
वह था जाना पहचाना ॥

दर्शन क्यों फिर वह सोचें
क्यों जीवन तथ्य निचोड़े ,
क्यों अपर लोक के कारण
वे जीवन का सुख छोड़ें ॥

कहां अपने को स्वामी
थे इच्छाओं के चेरे ,
जीवन तृष्णा में जलते
वे आशाओं के प्रेरे ॥

सुख था पर तृप्ति नहीं थी
आशा चिरकाल पिपासी ,
थी चिर अतृप्ति की छाया
इंद्रिय की बनती दासी ॥

क्षण सुख ने ही था जिनका
जीवन अभिभूत बनाया ।
जीवन का ध्येय उन्होंने
केवल जीने में पाया ॥

यह इंद्रिय सुख सेवक हैं
    इनकी है अकथ कहानी ।
        थोड़े में ही संकेतित
            सब की जानी पहचानी ।।

सुख की सब ही कहते हैं
    सुनने में सुखद मनोहर ।
        दुख में भी अद्भुत सुख है
            पर यह है एक धरोहर ।।

गतिशील काल का चरखा
    निशि दिन चलता जाता है ।
        पूरा हिसाब लेने को
            फिर युग-द्रष्टा आता है ।।

रितु की बालायें आकर
    हैं कृषकों से कह जातीं ।
        चुन लेना ये मुक्ताएं
            जो शाखों पर रह जातीं ।।

वसुधा नित अंचल भर कर
    बिखरा देती है मोती ।

फिर स्वयं देख लेती है
                किस को सुतृप्ति है होती ॥

आकर चुन ले जाता है
        जिसने बोया था सोना ।
                जिसने सीखा है सोना
                        पड़ता है उसको रोना ॥

प्रासादों के पीछे की
        दीवारों से सट सट कर ।
                आवास बने हैं   थोड़े
                        इन मीनारों से हट कर ॥

उन्मुक्त गगन के नीचे
        बिखरी हैं थोड़ी लड़ियां ।
                वन उपवन ग्राम नगर में
                        हैं बनी हुई झोपड़ियां ॥

मैले   चीथड़े   लपेटे
        सहमे सहमे नर-नारी ।
                लज्जा भी खुलती जाती

तन पर बस आधी सारी ॥

अधखुले अंग के बालक
भूखे नंगे ये प्राणी ।
दुख के आघातों से
है कुंठित जिनकी वाणी ॥

क्या आह भरें क्या बोलें
कितना कराह डालें ये ।
इनकी असीम पीड़ा है
अब तो बस गम खा लें ये ॥

टूटी झोपड़ियों में भी
इनका आवास निराला ।
खाली पेटों वालों का
भी है जीवन मतवाला ॥

इनको न किसी से शिकवा
है नहीं भाग्य का रोना ।
इन ने केवल सीखा है
पाना, पाकर फिर खोना ॥

इनकी आंखों में आंसू
उमड़े क्या ढल जाने को ।
अवशेष अस्थि सा इन का
जीवन है जल जाने को ॥

पी लेते हैं ये आंसू
गम खाकर जी लेते हैं ।
घुट घुट जाती है सिसकी
होठों को सी लेते हैं ॥

इनका अभावमय जीवन
देता है सुख औरों को ।
जैसे कोई लघु कलिका
देती मधुरस भंवरों को ॥

उपभोग भला क्या जाने
जिसने सीखा है देना ।
सुख सुविधा सारी देकर
इनको है आंसू लेना ॥

इनकी पीड़ा आंखों के
कोनों में घुट जाती है ।
इनकी उलझन उठ उठ कर
मन में ही मिट जाती है ॥

यह नहीं जानते जीवन
मिलता है कुछ पाने को ।
इन ने केवल यह जाना
हम आते हैं जाने को ॥

है नहीं दासता कोई
निज कर पग ही चेरे हैं ।
दुख निःश्वासोंमय जीवन
दुविधाओं के फेरे हैं ॥

चिंता इनकी चिर संगिनि
आंसू है इनके साथी ।
जब भी नयनों में झांका
पीड़ामय मौन व्यथा थी ॥

है मोह न अधिकारों का
कर्तव्य निभाते जाना ।
है बोध इन्हें कर्मों का
इनने क्या जाना पाना ॥

जब शाम कहीं ढलती है
चुपचाप शमा जलती है ।
घुट घुट कर है घुल जाती
निज को ही नित छलती है ॥

इनका जीवन भी निज को
छलता छलता चलता है ।
आंसू का जल पीकर ही
इनका शैशव पलता है ॥

शिशु दूध नहीं पी पाता
मां का लोहू पीता है ।
अपने ही गम खा खाकर
इनका यौवन जीता है ॥

रोगी के शिथिल स्वकाया
जल उठती चिनगारी में ।
है चिता एक ही औषधि
जीवन की फुलवारी में ॥

माँ की गोदी में आकर
शिशु पाठ यही पढ़ता है ।
मर जाना है हम सबको
विधना हमको गढ़ता है ॥

जो नहीं स्वर्ण के चेरे
उनको दुर्भाग्य छलेगा ।
उनको ही चुपके चुपके
सपनों का हार मिलेगा ॥

मिट मिट जातीं उम्मीदें
नयनों में तिर आती हैं ।
बस कुछ पल घोर निराशा
सपना बन फिर आती हैं ॥

पा उनका सबल सहारा
सारे दुख हैं कट जाते ।

घिरते घिरते अँधियारे
छूकर किरणें छँट जाते ॥

जुगनू सी ज्योति चमकती
जब दूर क्षितिज के पीछे ।
जग जाता अनुपम साहस
जो सोया अँखियाँ मीचे ॥

मावस की रात अँधेरी
बन जाती है दीवाली ।
किरणों के हार पहनती
तब रजनी काली काली ॥

रखना यह ध्यान हमेशा
यह ज्योति न बुझने पाये ।
मन भूले कष्ट निराशा
आशा नव दीप जलाये ॥

○ ○ ○ ○ ○

कौन

पथिक बोलो तो हो तुम कौन ?
चले आए हो क्या पथ भूल ?
अरे यह तो कांटो की राह
बिछे हैं यहां अपरिमित शूल ॥

मधुर ! तुम हो अति ही सुकुमार
तुम्हारी आहट में संगीत ।
तुम्हारी जीवन वीणा मौन
बजा दो तुम प्राणों का गीत ॥

कपोलों पर क्यों तेरे आज
शुष्क होती आंसू की रेख ?
विकल होता क्यों मन सुकुमार
अमर पीड़ा का यह पथ देख ?

सुनो तज दो तुम अब यह राह
नहीं दे पाओगे तुम साथ ।
हमारी पीड़ा अमित अपार
चलोगे थामें किसका हाथ ?

दुराहा यह जीवन का मूक

    भ्रमित करता मानव मन मुग्ध ।

        अबल जाते वैभव की राह

            अगम पथ को वे समझ निरुद्ध ॥

नहीं मैं सदय हृदय हूं किंतु

    बहुत कोमल हैं मेरे भाव ।

        उलझनें हैं उलझन के बीच

            तड़पने का है मुझको चाह ॥

हँसोगे तुम सुन मेरी बात

    करोगे शायद कुछ अवसाद ।

        उलझने का मेरा जो भाव

            कहोगे उसको तुम उन्माद ॥

करूं क्या तुम ही कह दो आज

    चलूं मैं आज कौन सी राह ।

        कहो किस दुर्गम पथ की आज

            हो रही है तुमको कुछ चाह ?

कहोगे अपनाने को आज
अगर मुझसे वैभव की राह ।
करूंगी मैं न उसे स्वीकार
नहीं है मुझको उसकी चाह ॥

देख सारे जीवन में आज
बढ़ रहा है कैसा पाखंड ।
विकल है सारा जीव समाज
हृदय होते जाते उद्दंड ॥

अधर्मों का ही केवल राज
धर्म का होता है अब लोप ।
लगाते हैं पीड़ा के बीज
घरों में हृदयहीन खुद रोप ॥

जल रहा है जीवन उद्भ्रांत
तड़पते हैं आंसू के दीप ।
खो दिए अपने हाथों आज
स्वयं हमने सुख-सुविधा सीप ॥

तड़पता कोई भूखा दीन
         तरसता कोई रोटी हेतु ।
                 किसी को वैभव की ही चाह
                         किसी का टूटा जीवन सेतु ॥

किसी मन में पीड़ा के गीत
         गा रहा कोई दुख की तान ।
                 हृदय में दबा विकलता आज
                         गा रहा कोई जीवन गान ॥

हँस रहा पागल बनकर कौन
         हृदय में भर कर पीर अपार ।
                 विहँस करता कोई उपहास
                         स्वयं अपना आवरण उघार ॥

जगत लगता कैसा उन्मत्त
         स्वयं में ही कितना आसक्त ।
                 जल रहा है ईर्ष्या की आग
                         चाहता है भाई का रक्त ॥

नहीं इसको कुछ अपना ज्ञान
स्वार्थ ही है जीवन का सार ।
जलाते हैं अपना घर आज
बनाते हैं खुद जीवन भार ॥

अरे वह कौन भिखारी दीन
चला आता है पथ पर मूक ।
तड़पता है रोटी के हेतु
चाहता है कपड़े दो टूक ॥

पसारे दुर्बल सूखे हाथ
मांगता है आशा का दान ।
काँपती कृष काया में हाय
तुम्हें होता है जीवन भान ॥

बचा है केवल नर कंकाल
आवरण सा चमड़े का डाल ।
व्यथित गाता पीड़ा के गीत
मरा स्वर पिचके पिचके गाल ॥

चीथड़ों में लिपटा यह लाल
न जाने किसके घर का दीप ।

कहो किस आशा का स्तंभ
मांगता है क्यों घर घर भीख ॥

42

कहो यह किस माता का लाल
हुआ है किस कुल में उत्पन्न ?
करेगा किसको यह सन्तुष्ट
स्वयं ही है जब मरणासन्न ?

न जाने किन पापों का आज
कर रहा है ऐसे प्रतिकार ।
न जाने इसका क्या अपराध
मिला यह बदले में उपहार ॥

वेदना की मूरत सा मौन
करूँ उपमा सा कितना दीन ।
अस्थियों का जर्जर अवशेष
सुखों से जीवन सारा हीन ॥

अभावों का इस का संसार
विवश घुटती जीवन की आस ।
मूक रह जाता है स्वातंत्र्य
बिलख उठती ममता की प्यास ॥

नहीं माता को यह अवकाश
    कर सके वह बच्चों को प्यार ।
      नहीं इनकी इतनी सामर्थ्य
        दे सकें भूखों को आहार ॥

क्षुब्ध जाती है इनकी रात
    अभावोंमय प्रातः की पीर ।
      कभी जो होता अधिक निराश
        निकलती आह हृदय को चीर ॥

कल्पना वैभव - सुख की हाय
    हो चली है इनको अभिशाप ।
      स्वप्न में भी रोटी का रूप
        हाय इनका जीवन बस पाप ॥

तड़पती है ममता निर्बोध
    कसकती है सपनों में पीर ।
      निकलती जो पीड़ा की आह
        निशा का उर भी जाती चीर ॥

खिला नभ में रजनी का दीप

जगत को देता है आह्लाद ।
विवशतामय जीवन पर किंतु
मौन बस बरसाता अवसाद ॥

क्षुधा से पीड़ित दुर्बल बाल
तड़प कर देते हैं दम तोड़ ।
विवश माता के आंसू दीन
किया करते वर्षा से होड़ ॥

अभागे का रोदन सुन हाय
मौत भी करती है उपहास ।
दबा देता विकलों की आह
किलकता वैभव का उल्लास ॥

अभागा बचपन बहुत अबोध
फूलने फलने की यह आयु ।
चली है दीप बुझाने किंतु
प्रलय जैसी यह निर्मम वायु ॥

अभावों में शैशव सुकुमार
पला यदि पीड़ाओं से खेल ।
थाम कर तरुणाई का द्वार

सका यह वह विपदा भी झेल ॥

कहो फिर यौवन का साम्राज्य
कहां आया उस उपवन बीच ?
बुढ़ापे का जर्जर दौर्बल्य
हँसा यौवन को कर में भींच ॥

और वह असमय का दौर्बल्य
दबाकर यौवन का चापल्य ।
मृत्यु के मुख में लाया खींच
लखा किसने किसका वैकल्य ?

किंतु फिर भी जीवन से मोह
तोड़ना बहुत बहुत कठिन है मित्र !
इन्हें भी है प्राणों की चाह
क्लिष्ट जीवन कितना अपवित्र ॥

हां दुखी जीवन को ही आज
लोग कहते हैं अति अपवित्र ।
और जो ढोंगी, धोखेबाज
उन्हीं का जीवन कहें पवित्र ॥

उन्हें सब सुविधाएं उपलब्ध
टके में लेंगे जीवन मोल ।
किसी के सारे उच्च विचार
सकल आदर्श खरीदें तोल ॥

उन्हें है बस वैभव का मोह
उन्हें है सत्ता का उन्माद ।
उन्हीं को अधिकारों चाह
वही देते उनको आह्लाद ॥

लूटते हैं वे जन आनन्द
लुटेरे बनते हैं पर सभ्य ।
नहीं भोले जन का विश्वास
उन्हें कहते हैं नीच असभ्य ॥

ओह यह कैसा अत्याचार
हुआ जाता मन इतना क्षुब्ध ।
टूटते स्वर्ण शिखा पर आज
पतंगों से ये धनपति लुब्ध ॥

अभागे इस जीवन की लाज

किसे है बोलो करुणा गीत ?

कौन इनकी राहों का दीप

कौन है इनका प्यारा मीत ??

०००००

आँसू

वह समझेगा आंसू को
    जिसने है उसको जाना ,
जिसने अंतर के दुख में
    है जीवन को पहचाना ॥

जिसने नयनों के मोती
    हैं निज पलकों पर तौले ,
जिसने पीड़ामय अंतर
    औरों के हित है खोले ॥

जिसने सुख की परिभाषा
    दुख के शब्दों में पायी ,
मुस्कान अधर पर जिसके
    बदली सी बनकर छायी ॥

जिसके नयनों के डोरे
    कुछ अरुण अरुण रतनारे ,
आंसू गीली पलकों में
    छिप जाते प्यारे प्यारे ॥

वे कमल सलोने लगते
        जिन पर नीहार सजे हों ,
वह गीत मदिर होता है
        जिस लय पर साज बजे हों ॥

वे पाँव सुघर होते हैं
        जिनमें पायल की छमछम ,
उन बोलों का क्या कहना
        जिन में लहराती सरगम ॥

सीमांत वही शोभामय
        जिसमें सेंधुर की लाली ,
उपवन वह ही है प्यारा
        जिसकी सुमनोमय डाली ॥

है धन्य धरा की जननी
        जिसके आंगन शिशु खेले ,
है भाग्यमयी वह वसुधा
        जिस पर कृषकों के मेले ॥

नीले नभ की शोभा क्या
        है सूनेपन से होती ?
एकाकीपन पर उसके
        है शून्य मौनता रोती ॥

घिर कर जब घोर घटा भी
        नभ के आंगन में डोले ,
अंतर के आँसू   गिरते
        बदली से हौले हौले ॥

कितना जीवन जग पाता
        नम नैनों के आँसू से ,
फिर भी है नयन चुराता
        निज नैनों के आँसू से ॥

नीलम नीरज से नैना
        उन पर ये श्याम घटाएं ,
भ्रू की यह असिता रेखा
        कैसा सिंगार   सजायें ॥

सूनी वादी नैनो की
    रहती है सूखी सूखी ,
जीवन पाए बिन जैसे
    धरती की खेती रूखी ॥

काली काली अँखियों में
    जब आँसू हैं मुस्काते ,
जग के कितने ही झगड़े
    हैं देख उन्हें मिट जाते ॥

उर की मचली पीड़ा है
    जब घनीभूत हो जाती ,
नयनों में घिर घिर आती
    अगणित मुक्ता बरसाती ॥

ये नयन बिंदु मद वाले
    इन की क्या कीमत होती ,
ये रतन अमोल अनोखे
    यह नयन - नेह के मोती ॥

क्या आंसू तुम भी लोगे
     आओ कुछ दाम लगाओ ,
मन की उलझन तड़पन दे
     अनमोल अश्रु ले जाओ ॥

देखो तो उस दुखिया के
     नयनों से ढलते मोती ,
रज में घुलमिल जाते हैं
     अंतर - आंखें हैं रोती ॥

तुम उसके अश्रु खरीदो
     दो समता के बोलों से ,
हो भस्म हृदय की पीड़ा
     दो मधु भीने गोलों से ॥

वे नयन कृषक बाला के
     पलकों पर श्रम बूंदे हैं ,
रक्षा के हित आतप से
     यह नैनो को मूंदे है ॥

उन नैनों में चिंता है
   रोटी के मोहक सपने ,
श्रम के बदले तोलेगी
   दो रोटी में सुख अपने ॥

टूटेंगे   जब   वे   सपने
   मन कुंठित हो जाएगा ,
सांत्वना हेतु तब उर की
   नयनों में जल आएगा ॥

इस शिशु की काली अलकें
   मुख कितना भोला भाला ,
पर अधरों की मुस्कानों
   पर लगा हुआ है ताला ॥

शायद मां ने डांटा है
   इसके नन्हे से हठ पर,
यह आंसू बरसाता है
   खुदगर्ज, स्वार्थी जग पर ॥

ये धूलधूसरित जल कण
        यह नयन बिंदु ये मोती ,
अनमोल नयन के धन को
        वसुधा उर बीच सँजोती ॥

नैनो की चंचल बाला
        ने सीखा काम अकेला ,
सुख दुख में समता - मन से
        मोती का करती मेला ॥

दुख से व्याकुल हो अंतर
        या सुख से आतुर हो मन ,
आंसू के हार पिरो कर
        करती जीवन को अर्पण ॥

पंकज की पंखुड़ियों से
        हों नयन सलोने तीखे ,
या मतवारी चितवन में
        आँखें रतनारी दीखें ॥

हों लघु विशाल कैसे भी
          ये मन के मीत निराले ,
मुक्ता सम आभा वाले
          उर के अनमोल उजाले ।।

दृग के उजले कमरे में
          पुतली का पलंग बिछाये
आंसू बाला है सोती
          पलकों के पट उढ़काये ।।

टप टपके मृदु सरगम पर
          जब दृगबाला है रोती ,
नैनों की यह जलधारा
          कालुष्य हृदय का धोती ।।

हो वैमनस्य की धारा
          या ईर्ष्या, द्वेष भरा हो ,
मन की लहकी खेती को
          प्रतिशोधी वृषभ चरा हो ।।

जीवन की मूक समस्या
		या टूटे मन की उलझन ,
विरही की आतुर पीड़ा
		या चिर वियोग की तड़पन ॥

हर एक समस्या का है
		यह समाधान अलबेला ,
हर पल का मीत निराला
		फिर भी है मौन अकेला ॥

निस्वार्थ नयन का आँसू
		जग को निष्कृति देता है ,
देकर अपना लघु जीवन
		कब किस से क्या लेता है ?

मत करो उपेक्षा इसकी
		इससे मत नैन चुराओ ,
नैनो को तरल करो फिर
		सच्चे दिल से मुस्काओ ॥

०००००

मानवता

मानव के उन्नत मस्तक की
मानवते तुम रोली चंदन ,
जगती के बिखरे अंचल में
तुम ही मानव का अंचल धन ॥

मानवता , तुम ही मानव के
अस्तित्व सत्व का अवलंबन ,
हे देवि, धरा के बेटों की
आँखों में तेरा ही अंजन ॥

मानवता, मानव की जननी,
शुचि संत जनों का शुभ अर्चन
हे देवि, हमारी धरती पर
युग युग से तेरा अभिनंदन ॥

मानवता, मानव मानस के
मधु भावों की हो तुम थाली ,
दुख के तमभरे झरोखों पर
तुम तुष्टिमयी स्वर्णिम जाली ॥

जीवन बन के नव तरुओं की
है झूम रही मानव - डाली ,
मानवता तुम ही डालों के
सुमनों में हो मधु की प्याली ॥

मानव जगती पर जीता है
भावों का अवलंबन लेकर ,
सुख-दुख के वायु थपेड़ों से
विचलित दृढ़ता कंपन लेकर ॥

इस विश्व - उदधि की लहरों पर
वह जीवन - नौका खेता है ,
आँधी में प्रबल हवाओं में
हो विकल धैर्य तज देता है ॥

विचलित मन आकुल होता है
अपने आदर्श भुला कर के ,
इंसान तड़पता रोता है
मानवता धर्म सुला कर के ॥

क्या जान नहीं पाता है मन
　　जीवन के सच्चे मोलों को ?
　　　क्यों विस्मृति में ठुकराता है
　　　　मधु - भीने मीठे बोलो को ?

सच बोलो सत्य यही तो है
　　परहित जीवन का मान तजो ,
　　　तोड़ो स्वारथ की   दीवारें
　　　　विद्रोह भरा शुभ साज सजो ॥

'प्राचीन' सभी क्या अनुचित है ?
　　है उचित 'नया' सारा अच्छा ?
　　　कैसे कीमत इनकी जाने ?
　　　　क्या मोल किया इनका सच्चा ?

अपने विवेक को प्यार करो
　　जीवन आदर्श जगाओ तो ,
　　　तुम ठीक गलत की परिभाषा
　　　　में जीवन सत्य मिलाओ तो ॥

ग्रंथों के मत पन्ने पलटो
मत देखो आसभरे सपने ,
नैराश्य भरो मत जीवन में
पहले आंको करतब अपने ॥

देखो जीवन की घाटी में
केवल समता का फूल खिला ।
क्यों फिर मानव की दुनिया में
मानव को केवल शूल मिला ?

क्यों कोई सुख दुख की समता
करता है अपने वैभव से ?
क्यों कोई डूबा आहों में
व्याकुल होता है शैशव से ?

किसने जीवन को पहचाना
किसने अपनों का मान किया ,
किसने निज उर की पीड़ा से
किसने सपनों को प्राण दिया ॥

किसके पीड़ित से अंतर में
आंसू की लड़ियां सोई है ,
किसने आंखों के धागे से
जीवन की माल पिरोई है ।।

क्यों छाई घोर विषमता है
जगती के ताने-बाने में
क्यों होती हैं साँसें व्याकुल
तन के बंधन को पाने में ।।

मत मानव तन से मोह करो
इसको इक दिन तज जाना है ,
जाना है उस शुभ चोटी पर
जिसका पथ भी अनजाना है ।।

क्या साथ तुम्हारे जाएगा
यह धन, यह ममता का बंधन ?
भौतिकता क्या कर पाएगी
उस अमर आत्म का अनुरंजन ?

क्या जगजीवन को बांधेगा
आत्मा से जग का अनुबंधन ?
क्या तुष्टि हृदय को दे सकता
है केवल तन का अवलंबन ?

किस लिए त्यागते हो तन को
मत व्यर्थ करो जीवन अपना ,
परहित कुछ भी करते जाओ
यह जीवन सुख केवल सपना ।।

मत तुम आहों की झंझा से
जीवन के पत्ते खड़काओ ,
नैनों में नीर मचल जाए
फिर भी अधरों से मुस्काओ ।।

पर का उपकार करोगे तो
जीवन पारस पा जाओगे ,
सच कहती हूं तुम अमरदीप
की ज्योति बने मुस्काओगे ।।

रजनी के सूने अंचल में
     हैं चमक रहे कितने मोती ,
       फिर भी इन में आवेष्ठित है
         उस अमरदीप की ही ज्योती ।।

संसृति की अनुपम सुषमा में
     कितना सौंदर्य सजाया है ,
       उस एक अलख प्रियतम ने ही
         अनुपम संसार बनाया है ।।

मत आस्तिकता का ढोंग करो
     मत पूजो मंदिर के पत्थर ,
       मत मंदिर गिरजाघर जाओ
         निज मन का ज्ञान करो सत्वर ।।

अपने में अपनी खोज करो
     फिर अपने में खुद को पाओ,
       है छिपा खुदा खुद के अंदर

उसके ही वंदन को आओ ॥

जन जन के सूने जीवन में
खुशियों के फूल खिला दो तुम ,
जीवन का सत्य बचा लोगे
यदि बिछड़े मीत मिला दो तुम ॥

इस जगती की अमराई में
निबिड़ान्धकार में मानस के ,
दीपक बन कर जगमग चमको
बरसो बन कर घन पावस के ॥

रेखाएं मत देखो कर की
है क्रूर नियति का लेख नहीं ,
कुछ कर सकने की चाह करो
टोकेगी कोई रेख नहीं ॥

तुम स्वस्थ करो पहले उर को
फिर करो कार्य का अवलंबन ,
ये वाह्य नेत्र हों बंद भले

खुल जायें अंतर के लोचन ॥

मानवता मानव की माता
    इसके अंचल में शिशु खेलें ,
        यौवन में यही कामिनी बन
            दिखलाती है अभिनव मेले ॥

वृद्धावस्था में यह बाला
    बन सुता तुम्हें संबल देगी ,
        पग पग पर तुम्हें संभालेगी
            आतप में यह अंचल देगी ॥

मत करो उपेक्षा तुम इसकी
    यह नारी नहीं कुमारी है ,
        यह आदिशक्ति है मानव की
            मानवता किस से हारी है ॥

इस माया के हैं रूप कई
    फिर भी क्या केवल माया है ?

जलती आतप दोपहरी में
यह पावन शीतल छाया है ॥

मानवते, मानव की जननी,
वह बहन सलोने भाई की ,
मानव - बाले, मानव - संबल
उपमा ओ पर्वत भाई की ॥

तू हाथ पकड़ ले जीवन का
मनवांछित मार्ग बता दे तू ,
पर पीड़ा निज दृग में लेना
मर मर जीना सिखला दे तू ॥

बूढ़े मानव की हस्त - यष्टि
उस प्रिय से आज मिला दे तू ।
वेदनोच्छवसित मन उपवन की
सोई हर कली खिला दे तू ॥

उस अलख तत्व का परिचय दे
व्याकुल मन को दे शांति नयी ,
सड़ते   आचारों   को   फूंके

वह ज्योति जगा दे क्रान्तिमयी ॥

गत के सीले वातायन में
मत धूप नए रवि की भरना ,
जर्जर प्रस्तर को काट काट
प्लावित कर अभिनव का झरना ॥

प्रति उर की तंत्री को छूकर
तू राग अनोखा विखरा दे ,
घन - श्याम - धूसरित प्राची के
प्रांगण में नव रँग निखरा दे ॥

दे नवप्रभात सोये जग को
निद्रा तंद्रा टूटे जन की ,
जन जन के स्नेह सुघर बंधों
में फूट पड़े कलियां मन की ॥

इस नवल विश्व निर्माण हेतु
मानवते तेरा अभिनंदन ,
उर मे हर मानव कर डाले
दृढ़ संकल्पों का आलिंगन ॥

नारी

री अचल सौभाग्यशालिनि !!

मांग में सौभाग्य लाली
        अधर पर हँस रहे मोती ।
भाल पर बिंदिया सुहानी
        जगमगाती कांति होती ॥

वसन सुंदर रंग रंगीले
        हाथ में कंगन सुहाए ।
गोद की मनभरी शोभा
        सा ललन अंगना सुहाए ॥

श्रवण में कुंडल खनकती
        चूड़ियां सुंदर कलाई ।
भाग्य वाली तू, भरी है
        मार्ग में कैसी ललाई ॥

अंक में संतति लिये
        दायित्व का शुभ भार धारे
मुस्कुराती है सदा तू

जी रही उल्लास   हारे ॥

देख तेरा रूप ईर्ष्या
		कर रही देवांगनाएं ।
किंतु तुम हो सोचती
		निज पीर हम किसको सुनाएं ॥

बहन सच कहना नयन में
		क्यों भरे ये नीर आते ?
छलछला उठते नयन क्यों
		हास के मोती सजाते ?

कह सकोगी क्या सखी
		किस पीर में तुम जी रही हो
कह सकोगे क्या कभी
		जिस दर्द को तुम पी रही हो ?

तुम सुखी हो भला इसमें
		भी कहीं संदेह है क्या ?
सकल सुख के ठाठ से
		पूरित नहीं तव गेह है क्या ?

रूपसी जिस नारि को
          सौभाग्य का संबल मिला है,
सच अगर पूछो उसी के
          प्राण का सरसिज खिला है ।।

है वही सुखिया कि जिसने
          स्वामि का निज प्यार पाया ।
है   वही   बड़भागिनी
          जिसने अमर उपहार पाया ।।

साध्वी ! पति है तुम्हारा
          प्यार भी करता ही होगा ।
गोद में लेकर सुअन को
          पुलक से भरता भी होगा ।।

फिर नयन ये क्यों भरे हैं
          क्यों उदासी आंख में हैं ?
क्यों झलकते ओस के कण
          यों कमल की पांख में हैं ?

क्या कहूँ तुमसे बहन
		कुछ भी कहूं सब व्यर्थ होगा ।
आँसुओं का राज खोलूँ
		क्या कभी सामर्थ्य होगा ?

आह, अब कैसे बताऊं
		आग में किस जल रही हूँ ?
कहूँ मैं   कैसे कि बस
		दुर्भाग्य में ही पल रही हूँ ॥

सच कहा तुमने कि
		पतिवाली सदा बड़भागिनी है ।
सच कहा है विश्व में
		सबसे महान सुहागिनी है ॥

सच कहा तुमने कि घर में
		सकल सुख संपद हमारे ।
बात यह भी सच कि प्रियतम
		हैं हमारे प्राण - प्यारे ॥

किंतु यह भी सत्य है
            सब ओर से मैं तो विवश हूँ,
सब यही कहते सदा कर
            नियति को वश मैं सुयश हूँ ॥

हाय अब कैसे कहूँ
            पति हीन भी मुझ से भली हैं ।
एक ही दुख है उन्हें
            सौभाग्य - सुख से ही जली हैं ॥

खोल कर दिल रो सकें
            सौभाग्य यह केवल उन्हीं का ।
चिर वियोगिनि वंचिता हैं
            शोक है उन को स्व - पी का ॥

किंतु रहते स्वामि के मैं
            आज विधवा स्वामि वाली ।
हाथ में घट है सुधा का
            किंतु केवल रिक्त, खाली ॥

सब समझते हैं सुखी हूँ
            किंतु बोलो - सत्य है यह ?

वंचिता पति - प्रेम की हूँ
    हाय, जीवित - मृत्यु है यह ॥

प्यार उनका पा सकूँ
    ऐसा नहीं सौभाग्य मेरा ।
वंचना पायी उपेक्षा
    हँस रहा दुर्भाग्य मेरा ॥

पति विहीना स्नेह सब का ले
    स्व - दुख भी बांट देती ।
एक अपयश ले विधाता का
    लिखा भी काटा देती ॥

भर नयन में स्वप्न आँसू पोछ
    उज्जवल हास भरती ।
मधुर यादों के सहारे वह
    गुजारा आप करती ॥

किंतु मेरे पास तो निधि
    भी नहीं सुखद स्मृतियों की ।
एक ही भूषण बचा है
    माल दृग के मोतियों की ॥

मैं अमर ममता सजाये
     अंक में अब हूँ विहँसती ।
किंतु यह भी सच कि मैं
     पति प्रेम पाने को तरसती ॥

चाहती हूँ वे न मुझ से
     रुष्ट हों, फिर पास आयें ।
दें न मुझको प्यार चाहे
     ठोकरों में मत उड़ायें ॥

छोड़ कर घर वे न थामें
     हाथ में मदमस्त प्याला ।
त्याग कर मुझको न ढूंढें
     हर नयन में रक्त हाला ॥

वाह रे नर क्या कभी
     नारी हृदय तू जान पाया ?
सच बता क्या कामिनी के
     प्यार को पहचान पाया ?

छोड़ निज नारी, सदन,
　　　पर नारि नैनों में फँसा तू।
सच बता निज गेह ममता
　　　पाश में जा कर कसा तू ?

आह, कैसे खोल दे वह
　　　वेदना की मूक प्याली ?
लूट, झोली भर उपेक्षा
　　　दे गया जिसको स्व माली ?

○○○○○○

नारी - 2

कौन शुष्क सरिता सी नारी
जीवन का अनमिल उच्छवास ।
विपद ग्रंथ की प्रथम भूमिका
आहों का अविरल आभास ?

आह, हृदय की अमर कल्पना,
जन - जीवन की ओ लाली !
किस सपने ने लूटा तुझ को
छीन ले गया मधु प्याली ?

किसने तुझको स्वप्न दिखाकर
हासों का मुस्कानों का ,
किसने तुझको पाठ पढ़ा कर
दीपों का परवानों का ?

यों निष्ठुर निर्मोही बन कर
इतना कटु उपहास किया ?
किसने आंचल में भर खुशियां
फिर पीड़ामय हास दिया ?

भूल विधाता की तू नारी
    तूने क्या जीवन जाना ?
        सच कह क्या तू ने जीवन के
            मधु - वैभव को पहचाना ?

अरी उषा जी जीवन नभ में
    उगी खिली फिर मुस्काई ।
        शैशव तज यौवन को पाया
            फूल बनी पर   मुरझायी ॥

आह विधाता ने जीवन के
    उषा काल में घात किया ।
        बना रहा था मधुर दिवस पर
            बना अचानक रात दिया ॥

प्रातः को संध्या में ढाला
    मधु बसंत बरसात बनी ।
        जीती जीवन की बाजी पर
            विजय पताका मात बनी ॥

उपवन की हँसती क्यारी में
बेला की नव डाली पर
कली एक विकसी मुसकाई
सुर्खी जैसे गालों पर ॥

लज्जा की लाली से नूतन
किसलय की नवम धुबन सी ।
प्रतिमा सी पीड़ा - वैभव की
आंखों की मृदु चितवन सी ॥

जीवन ज्योति जली हतभागी
तू जीते जी जली चली ।
थे खिलने के जिसके दिन
असमय ही सूखी एक कली ॥

'विधवा' आह विधाता ने
कैसा यह नाम दिया तुझको ?
देना था वर की माला
कैसा वरदान दिया तुझको ॥

निष्कलंकिनी बोल हृदय से
किया कभी क्या कोई पाप ?
सच-सच बता बना जो तेरे
जीवन का ऐसा अभिशाप ॥

बहन बता तूने क्या सच ही
पाया है प्रियतम का प्यार ?
और पा सकी है सुख - सुषमा
का मधुमय अनुपम संसार ?

देखा क्या यौवन का सपना
सपना भी क्या सत्य हुआ ?
जाने किस अनजान दोष का
पाप काल का भृत्य हुआ ॥

था वह दिन तेरे जीवन का
शायद सुषमा सा सौभाग्य ।
जिस दिन पति अपनाकर तुझको
था सराहता अपना भाग्य ॥

पा कर पति का प्यार कभी
तुमने उसका संचय चाहा ।
किंतु नियति ने तो बस तुमसे
करना कुछ अभिनय चाहा ॥

छीन लिया असमय ही विधि ने
तेरे   जीवन   का संबल ।
बुझा दिया झटके से दीपक
स्नेह हीन अब तू ही जल ॥

कैसा यह उपहास अरे
तेरे जीवन की सुषमा से ?
किससे उपमा दूं तेरी ?
क्या होगा अब उस उपमा से ?

शायद विधि ने रचा फूल जब
सौरभ देना भूल गया ।
या फिर निज रचना के मद में
सुख लिखना खुद भूल गया ॥

रचते रचते ज्योति उषा की
बना गया रजनी काली ।
देते देते अमृत का घट
थमा गया विष की प्याली ।।

बना दिया अकलंक निशाकर
पर इठलाया जब मद में ,
मद वह विधवा के मन का
बन गया कलंक मधुर घट में ।।

कौन कहे उसकी रचना को
जिसने चंद्र कलंक दिया ?
दीपक की निधि अंधकार
तारों को जिसने रंक किया ।।

तेरा अब स्थान कहां है
जग स्वारथ की शैया पर ?
खो कर अपना भाग्य - विधाता
बैठ अरी बस आहें भर ।।

कभी सुहागिन थी तब तू

मंगलमय थी शुभ कर्मों में,
किन्तु अपावन है दुखदाई
मानव - मन के धर्मों में ॥

पगली ! विश्व नहीं यह अब वह
जो समझेगा तेरी पीड़ा ।
अरी नहीं यह बिबुध देश है
जो सुख से ही करते क्रीड़ा ॥

अब न अश्रु यों ढाल न आहों
से तू भर दे यह संसार ।
क्योंकि किसी के भी मानस में
नहीं तुम्हारे हित कुछ प्यार ॥

बस तू तो बस त्यक्त बनी है
पतिता है , रह दूर सदा ।
पी ले आंसू पीर छुपा ले
भर आहें भरपूर सदा ॥

अब तेरा कुछ काम नहीं है

निष्ठुर जग की शाला में ।
क्योंकि नाम बिन मूल्य नहीं
भर पाता है मधु हाला में ॥

नाम मिट गया तेरा औ
अस्तित्व भी नहीं है तेरा ।
जले दीप सी या कि फूल सी
झरे धूल में ले डेरा ॥

एक बूंद सी तू आंसू की
जल की उठती सिहरन सी ।
सागर के रव कोलाहल सी
करुण हृदय की तड़पन सी ॥

भाग्य तुम्हारा है बस नारी
आंसू, आह, विरह, करुणा,
स्मृतियों का तू धूमिल संबल
शुष्क नदी जैसी वरुणा ॥

तेरा जीवन व्यर्थ रहा
इस जगती की जग शाला में ।

व्यर्थ जिए तूने ये क्षण
 मिटती आंसू की माला में ॥

किंतु कहे क्या किसका वश
 चलता है विधि की रेखा पर ?
  हमने तो बस उस अविरल की
   अनुपम गति को देखा भर ॥

कौन दे दोष दे उस निष्ठुर को
 जिसने जलधि किया खारा ?
  कौन कहे उसको पत्थर से
   कुसुम पंखुरी को मारा ॥

अरी नियति की धूमिल रेखा
 तेरा यह जीवन आक्रांत ।
  आह भूल विधना के मन की
   दुखमय जीवन कितना क्लांत ॥

मधुर कामना के कितने ही
 ज्वार उठे होंगे मन में ।
  कितनी ही आकांक्षाएं

उठती मिटती होंगी तन में ॥

किन्तु व्यथा का भार समेटे
मौन खड़ी चुप चुप सी है ।
तू अहि - गति सी वक्त नियति के
कालकूट पय - मुख सी है ॥

ओ जीवन के अभिशाप भरी
सुख-दुख के सपने मिटा डाल ।
अधरों के पिंजरे में रख कर तू
आह खगी को आज पाल ॥

हा सुर ग्रीवा से गिरी माल !
हा सुर ग्रीवा से गिरी माल !!

०००००००

नगरवधू

कौन तुम ओ पीड़ा की आह ?
आह, तुम हो पीड़ा का गीत ।
तुम्हारे जीवन का उल्लास
बना है क्यों करुणा संगीत ?

विकल अधरों में हल्का कम्प
हृदय मृदु स्पंदन का है भार ।
कम्पमय अधर पलक सुकुमार
कम्पमय हैं बाहों के हार ॥

कौन तुम अटा अटारी बीच
सजी परियों सी मादक मंद ?
सजी हो कवि के लेख समान
अलंकारों की मधुमय छंद ॥

विकल तुम सपनों सी सुकुमार
अचल तुम चपल चतुर हो नारि ।
अधर पर है तेरे मधुमास
नयन में फिर क्यों बोलो वारि ?

तुम्हारे नूपुर की झनकार
चुराती है रातों का चैन ।
भ्रू - धनुष की तेरे टँकार
अनिद्रित कर देती है रैन ॥

विहँसती चपला सी अनजान
अधर पर है पीड़ामय हास ।
अंग में मधु विलास सायास
अधर में ज्यों बरसों की प्यास ॥

अनोखा नागिन सा सौंदर्य
सुंदरी का नागिन सा रूप
मोहिनी तुम करुणा का गीत
रूप की तेरे अविरल धूप ॥

कभी जब बिखरा देती केश

टूट जाते धीरज के बांध ।
संजो लेती जब कच सुकुमार
जगाती मधुर मिलन की साध ॥

मुग्धकारी तेरा सौंदर्य
सुमुखि प्यारा सौंदर्य अपार ।
सुने जब नूपुर की झनकार
मुग्ध रह जाता है संसार ॥

विकल तरुणों के उर में नित्य
जगाती तुम कुसुमायुध पीर ।
सजी मधुशाला जैसी मूक
बहाती हो ममता के नीर ॥

किंतु क्या सुख पाती हो सत्य
कहो पाती हो सच में चैन ?
बिता देती दिन सुख के बीच
मधुर मधुमय होती है रैन ॥

तुम्हारे तरुण चरण की चोट
डिगा देती युवकों का धीर ।

तुम्हारी बाँकी सी चितवन
जगा देती हर मन में पीर ॥

भृकुटि की तेरे वक्र कमान
हृदय देती पुरुषों के चीर ।
सजा होठों पर अविरल हास
छिपा लेती नैनों का नीर ॥

विहंसती तुम जैसे उन्मत्त
खिली कलिका सी कितनी व्यस्त ।
खुली   पुस्तक सा   तेरा गीत
व्यक्त रह कर भी मूक रहस्य ॥

भेद तेरे जीवन के मौन
बंधे रहते आंचल के छोर ।
हृदय में जाने कितने घाव
द्रवित धूमिल नयनों की कोर ॥

नयन में लाली भर अनुराग
अधर में तेरे मधुमय हास ।
जगा अलसाया यौवन व्यस्त

दृगों में तेरे युग की प्यास ॥

रूपसी तेरा रूप अपार !!

श्याम अलि पुंजों से मृदु केश
        श्यामता में घन जाएं हार ।
            छिपे जाते भ्रमर ओं के झुंड
                देख कर ये सटकारे बार ॥

धनुष सी भौंहें मृदुता भार
        झुकी जाती पलकों की कोर ।
            पलक में सपनों का संसार
                नयन में जीवन की मधु भोर ॥

नासिका तीखी रक्तिम गाल
        कपोलों पर संध्या का राग ।
            तड़ित खिलती मुस्कानों बीच
                अधर में भर अमन्द अनुराग ॥

सुग्रीवा सुंदर बाहु मृणाल
        झुकी जाती यौवन के भार ।

कहूँ क्या उस यौवन की बात
खिली जैसे कलिका कचनार ॥

तपे कंचन सी सुंदर देह
कमर बलखाती बारंबार ।
अलक चुम्बित कर लोल कपोल
झुके   आते   मृदुता   के भार ॥

नयन अलसाये मधुर सुनील
पलक में भरा अनंत विहाग ।
सुषुमा यौवन का नव रूप
चिहुंक कर उठता मानो जाग ॥

कमल की पंखुड़ियों से पांव
नूपुरों की मधु भीनी तान ।
सु वीणा झंकृत सा नव राग
जगा देता फिर सोया मान ॥

चपल चरणों की हर पदचाप
छेड़ती नवल अमल झनकार ।
मृदुल अधरों की मधु मुस्कान

धैर्य संयम कर देती क्षार ॥

सजा कर अपना सुंदर वेश
सजाती सधवा का श्रृंगार ।
मचल जाती जब मन की पीर
विहँस मन लेती तुरत सँवार ॥

अलक में सजते तारक - फूल
कुसुम कलियों की सुरभि सुगंध ।
बचुरा लेती मन का दुखवाद
जगाती मन में राग अमंद ॥

भाल पर कुमकुम का शुभ दीप
नयन में रजनी - अंजन सार ।
कपोलों पर मल कर अनुराग
अधर पर कोमल स्वर का हार ॥

सजा कर आभूषण अभिराम
पहनकर इंदीवर की माल ।
कंचुकी कुसुम कली की धार
वक्ष पर सुरभित अंचल डाल ॥

सुकंठी, नयनों में मधु आँज

खड़ी होती जब थाम गवाक्ष,

ठिठक रह जाता पुरुष समाज

छिटक देती तुम चितवन लक्ष ॥

वक्र कर भौहों की मृदु कोर

चलाती जब चितवन के बान ।

मरे जाते क्षण में सौ बार

तुम्हीं पर तज तज देते प्रान ॥

चरण चुम्बित कर बारम्बार

पुरुष करते हैं तेरा मान ।

विनय करते हैं सौ सौ बार

सुना री कोकिलकंठी ! गान ॥

विहँस कर तुम लेती मुख फेर

हर अदा पर होते निःसार ।

गूंज उठती है श्रवणों बीच

विकल मन की क्या मूक पुकार ?

कमर में हल्के से बल डाल
वादनों का हर तार सँवार ।
छेड़ देती हो मधुमय राग
स्वरों में करती सदा विहार ॥

नयन तिरछे कर मुख को मोड़
अधर में भर अलसाया हास ।
विहँस कर लेती अंतर छीन
जगा देती विलास की प्यास ॥

विकल आतुर कोई सुकुमार
अगर बढ़ लेता बाहें थाम,
छुड़ा कर झट से कोमल हाथ
और उत्तेजित करती काम ॥

सताती तड़पाती हो नित्य
सदा भड़काती रहती प्यास ।
किंतु तुम मृग मरीचिका सदृश
नहीं पूरी करती हो आस ॥

कभी नूपुर नर्तन के बीच
　　ठिठक जाते हैं चंचल पाँव
　　　समय की श्याम घटाओं बीच
　　　　याद आ जाता अपना गांव ॥

आह, वह बचपन का उल्लास
　　थिरकती वह यौवन की धूप ।
　　　परिस्थितियों के कठिन प्रहार
　　　　और फिर पाना ऐसा रूप ॥

पुरुष की यह दुर्दम कटु प्यास
　　उपेक्षा – मय नारी का धर्म ।
　　　प्रताड़ित होना जग के बीच
　　　　मसलते रहना नारी – मर्म ॥

छलछलाते खंजन से नैन
　　भरी आती नयनों में याद ।
　　　घृणित सा लगता सकल समाज
　　　　आह, क्या होगा इसके बाद ?

छेड़ती जब उत्तेजक गान
स्वरों के उस उपवन के बीच,
अचानक हो जाती तुम मौन
वेदना जाती मन को भींच ॥

सामने बैठा पुरुष समाज
नहीं इनको कुछ घर का मोह ।
सोचते कब अपना दायित्व
भला क्या जाने करूँ विछोह ॥

गले में नर के बाहें डाल
कभी देती चुंबन उपहार ।
कसकती तड़प हृदय के बीच
गूँजती कोई आर्त पुकार ॥

सोचने लगती तुम चुपचाप
प्रतीक्षारत होगी कोई नार ।
सजा कर प्रिय की सुंदर सेज
किये मधुमय मादक श्रृंगार ॥

हृदय में आशा का धर दीप
जगाए मन में अनुपम प्यार ।

नयन में ममता अंजन - आँज

रही होगी प्रिय - बाट निहार ॥

कभी चांदी के टुकड़े चंद

बांधता नर अंचल के छोर ।

उभरते दृग में शिशु नादान

अधूरी जिनकी साध - हिलोर ॥

भ्रमर यौवन का कोई आन

कभी देता कंगन उपहार ।

याद आते सधवा के हाथ

वलय की भी न जहां झनकार ॥

विवश जब भी घबराते प्राण

छिपा लेती कर में मुख चंद ।

ढलकते रहते दृग से अश्रु

पड़ी रहती कर आंखें बन्द ॥

मार्ग तेरा कितना अस्पष्ट

दिशाएं कितनी कोहराच्छन्न ।

हुई तू पग पग पर दिग्भ्रमित

रहीं तेरी राहें प्रच्छन्न ॥

चली तूने जो कुछ भी राह
        रहा क्या इसका पश्चाताप ?
            सहा तूने जो जग के हेतु
                हुआ क्या उसका कुछ परिताप ?

जली पग पग पर जैसे दीप
        गिरी जैसे मुरझाया फूल ।
            संजोए अंचल में अभिशाप
                विगत की भर हाथों में धूल ॥

चली जिन राहों पर चुपचाप
        गई उन राहों को क्या भूल ?
            सहे पीड़ा के जो अभिशाप
                भुला बैठी आंसू में झूल ?

अपरिमित आहों सा चुपचाप
        धरा का ज्यों उभरा उच्छवास ।
            गगन की नील प्रभा सा मौन
                भरा उर में अविचल विश्वास ॥

सही तूने   पीड़ा की पीर

तृषित पर रही जगाती काम ।

मिले कटु जीवन के उपहार

नगर - वधु, छलना जैसे नाम ॥

नयन में भरकर अविरल नीर

सजाती रही अधर पर हास ।

रही सहती सब रह कर मूक

बन गया जीवन ज्यों अभिशाप ॥

मिट गई ज्यों मुरझाया फूल

विधाता की रचना की भूल ॥

○ ○ ○ ○ ○ ○

आस्था

नभ के नीले वातायन से
        संसृति की यह अनुपम बाला ,
देखा करती निशि नयनों से
        सृष्टा की क्रीड़ा का जाला ॥

सुख दुख की मृदु मीनारों में
        जन जन का आतुर उर पिसना ,
टूटना नियति का जीवन पर
        घावों से पीड़ा का रिसना ॥

हरियाली पतझड़ का आना
        नैनो का धूमिल हो जाना ,
खिलना प्रातः जग उपवन में
        सुमनों सा खिल कर मुरझाना ॥

नयनो की नीरज नगरी में
        दृग मुक्ताओं का मुस्काना ,
मुस्कान भरे अधरों ऊपर
        रख कर मोती नभ बरसाना ॥

जग के दो वर्गों में खिलते
       जीवन का रूप निहारा है ,
सुख की झिलमिली गिराकर कब
       पीड़ा ने किसे पुकारा है ?

वसुधा के श्यामल अंचल में
       मोती से दानों का उगना ,
पोषण जगती के लालों का
       अंतर में आहों का जगना ॥

दुख केवल दुख किसका जीवन
       सुख लेकिन कितनों ने पाया ?
हर प्राण   हमारी   धरती   पर
       बस नियति भोगने ही आया ॥

है स्वर्ग यही, है नर्क यही
       जीवन का सार यही तो है ।
है यही आत्म का भी परिचय
       सुंदर   संसार यही तो है ॥

यह तो मानव की दुनिया है
		देवों के आलय भी होंगे,
होंगी कुछ की सुख मीनारें
		कुछ के जीर्णालय भी होंगे ॥

कुछ के आंसू ढलते होंगे
		मिट्टी में मिल जाते होंगे,
कुछ के मोती बन आंचल की
		गोदी में छिप जाते होंगे ॥

कोई रोता होगा दुख से
		कोई सुख से रोता होगा ,
कोई बैठे थकता कोई
		श्रम से जर्जर होता होगा ॥

कुछ आंखों में आंसू होंगे
		कुछ आंचल में होंगे मोती ,
कुछ की रातें काली होंगी
		कुछ दीपों में होगी ज्योती ॥

कोई घुटता मरता होगा
          मुस्कान कहीं लुटती होगी ,
शव - पट होते होंगे रेहन
          अर्थियां कहीं बिकती होगी ॥

क्या नहीं देखते देव यहां
          दानवता का नंगा नर्तन ?
क्या नहीं विकल करता उनको
          पशुता का यह प्रत्यावर्तन ?

कैसे कह दें है देव नहीं
          जब जग में मंदिर स्थित है ,
यह सच है तो यह भी सच है
          सुरगण भी यहां उपस्थित हैं ॥

यदि हैं तो जगती पर बढ़ते
          इन असुर पगों को देख देख ,
क्या नहीं तोकती है उनको
          उनकी सुरता, उनका विवेक ?

शायद इन अत्याचारों से
		उनका दिल भी घबराता है ,
दिल छोटा अत्याचार बड़े
		इससे शायद डर जाता है ॥

विस्मृत करने को उनको भी
		पाखंड बनाए जाते हैं ,
इन पापी नर - पशुओं द्वारा
		षट भोग लगाए जाते हैं ॥

सोने चांदी संगमरमर की
		चम चम करती दीवारों में ,
प्रतिमाएं बंदी होती हैं
		वैभव की इन मीनारों में ॥

नर के घुटते अरमानों की
		होलिका जलाई जाती है ,
देवता सहम से जाते हैं
		जब मौत बुलाई जाती है ॥

है कौन है यहां किसका बोलो
     किसने है परिचय पहचाना ?
लोलुपता के झूठे जग में
     किसने मानवता को जाना ?

संचय की बात यहां सच है
     लेने देने का मोल यहां ,
हर भाग तोलता है मानव
     स्वागत की गठरी खोल यहां ॥

देवता बने प्रस्तर प्रतिमा
     धर्मों की आग लगा कर के ,
है लूट परस्पर मची हुई
     जीते जन पाप जगा करके ॥

है पाप पुण्य भी क्या सीमित
     कैसी अनुपम परिभाषाएं ?
जो मन चाहे है पुण्य वही
     जीवन की कितनी भाषाएं ॥

जिससे सुखमय हो यह जीवन
       जिससे कुछ हानि न हो जन की ,
वह पुण्य, वही सत्कर्म बना
       जिस से पूरी आशा मन की ॥

भौतिक लाभों पर आधारित
       जीवन कितना दूषित है रे ,
हां कलुष भरे जग के भीतर
       सच्चा मानव कैसे ठहरे ॥

मानव, हां मानव ही तो है
       केवल परिवर्तित वेशों में ,
आदर्श भुला बैठा तो क्या
       जीवित जीवन के रेशों में ॥

पर देश रसातल गत न हुआ
       कैसे हो विश्व अनोखा है ,
अब तो मानव ने यंत्रों से
       धरती का उर भी देखा है ॥

भौतिकता ही तो जीवन है
  जीवन है बस सुख से रहना ,
अब धर्म, ईश, आस्थाओं को
  दे मोड किसी से मत कहना ।।

युग बीत गया वह पुण्यों का
  युग बीत चुका श्रद्धा का है ,
तार्किकता ही अब सत्य बनी
  यह युग उत्थान कथा का है ।।

श्रम उद्यम बुद्धि प्रयोग मात्र
  मानव प्यासा सर्जन का है ,
संसृति उर का कोना कोना
  अब क्षेत्र नयन दर्शन का है ।।

देखी है वसुधा की छाती
  चीरा है अंबर का कोना ,
अब तो देखेंगे धरती पर
  मानव का ही ईश्वर होना ।।

पर बदलेंगे क्या मूल्य यहाँ
   क्या आध्यात्मिकता व्यर्थ रही ?
क्या झूठ बनेगी यह निष्ठा
   ग्रंथों ने केवल कथा कही ?

पर नहीं, आत्मा अजर अमर
   वह बन न सकेगी यंत्रों से ,
मानव सर्जक बन सकता है
   केवल अपने ही तंत्रों से ॥

मिट सके आस्था या निष्ठा
   अस्तित्व मिट जगदीश्वर का ,
वह युग कैसे आ पाएगा
   गूंजेगा गीत हृदय स्वर का ॥

आत्मा मानव की अमर
   अमर विश्वास हमारे जीवन का,
गूंजेगा सदा दिशाओं में
   संगीत आस्था अर्चन का ॥

○ ○ ○ ○ ○ ○

मृगमरीचिका

विकल मन की वीणा से आज
बिखरते किस पीड़ित के राज़ ?
क्षुब्ध से हैं क्यो इस के तार
उमड़ती है दुखमय आवाज ॥

मूक किस की पीड़ा अनजान
मूक सी जीवन की झनकार ।
सुप्त किसका जीवन उत्साह
कष्टमय कैसी करुण पुकार ?

अचल किन आंखों में सुकुमार
तड़पते हैं पीड़ा के सपन ?
कौन आंसू धारा के बीच
कर रहा किसका अर्चन मनन ?

पथिक जिन राहों के अनजान
चले जाते हो पथ पर मौन
विकल राहें हैं सब अज्ञात
बताओ लक्ष्य तुम्हारा कौन ॥

कहो किस नगरी में सुकुमार

तुम्हारे मन का बसता मीत ?

कहाँ, किस वादी में किस ओर

गूँजता मधुर मिलन संगीत ?

मिलन की किस आशा में बंद

विकल हो अकुलाते हैं प्राण ?

अजर की किस धारा के बीच

छिपा है मधुर सुधा विष पान ?

छिपा किस कुसुम कली के मध्य

तुम्हारी प्रिया कर रही मान ?

छिपी किस सुमन विभा के बीच

प्रियतमा की प्यारी मुस्कान ?

देखने जाते किस को आज

बता दो पथिक मूक बेचैन ?

प्रतीक्षा में है किस की चाह

बिताई किस आशा में रैन ?

देख मधु सपनों की मुस्कान
हुए तुम जाते बहुत अधीर ।
खिला जाता अधरों पर हास
गिरा जाता नैनो से नीर ॥

देखते मादकता के स्वप्न
सोचते मिलन घड़ी की बात ।
विकलता में दिवसों का गीत
मौन अकुलाहट जैसी रात ॥

सोचते मधुर मिलन की बात
मिलेगी जब तरुणी सुकुमार,
विकल मन होगा बहुत अधीर
छलक आएगा मन का प्यार ॥

पुलकमय स्पंदन भरा शरीर
बाहुओं में कंपन का राज ।
छुपा लेगी मुखड़े का भार
उमड़ कर नैनों में मधु लाज ॥

चपल अलकों में मृदुता भार
नयन में रक्त वर्ण अनुराग ।
कपोलों पर लज्जा के द्वीप
जगेंगें जब राही के भाग ॥

सजेगा बाहों में सुकुमार
मधुर पूजा अर्चन का थाल ।
हास देंगे नयनों से अर्घ्य
बाँह पहनाएगी मधु माल ॥

चपल सपनों के स्वर्णिम जाल
छिपेंगे अलकों में सुकुमार ।
पुलक की मादकता का भार
बसेगा पलकों में तब प्यार ॥

हँसे नैनों में मुक्ता हार
अधर पर हो मादक मुस्कान ।
पुलक में मृदु स्पंदन भार
कामना से होगी पहचान ॥

विकल मादकता ही के भार
    झुकेंगी जब पलकें सुकुमार,
        हँसेगी जब अधरों पर लाज
            नयन पहनायें मुक्ता हार ॥

खींचकर कुसुम शरों को मौन
    काम देगा चुपके से छोड़ ।
        राह के कष्टों के आभास
            मधुरता का लेंगे मधु मोड़ ॥

पथिक लेगा बढ़ बाहें थाम
    प्रेयसी की मोहक सुकुमार ।
        लजाएगा तरुणी का रूप
            छलक आए नैनों में प्यार ॥

प्रीति का ले मधुमय उपहार
    खुलेंगे नैनो के मधु सीप ।
        हँसी से मधुर कपोलों बीच
            बनेंगे गह्वर या मधु द्वीप ॥

पथिक की बाहों में सुकुमार

हँसेगा जब रजनी का राज्य ।
निशा की रानी संसृति बीच
रचेगी सपनों का साम्राज्य ॥

लजीले अधरों बीच सुवास
बना बिखरेगा मधुमय हास ।
झुकी मादक पलकों में बंद
रहेगा जीवन का उल्लास ॥

भरे बाहों में रूप अनंत
कसेंगे जब प्रिय के भुजपाश,
कसमसाएंगे मन के मीत
खिलेगी फिर से नूतन आस ॥

खिली पंकज पंखुड़ियां रक्त
चूम लेगी अधरों का राग।
खिलेंगे वसुधा पर शत फूल
जगेंगे थके पथिक के भाग ॥

पथिक यह किन्तु तुम्हारा स्वप्न
मधुर यह आशा का उल्लास ।
टूट जाएगा क्षण भर बाद

नियति करती होगी उपहास ॥

नियति के लौह - करों के दंड
तोड़ देंगे सपनों के द्वीप ।
टूट जाएगी मन की आस
बिखर जाएंगे स्वप्निल सीप ॥

न होगी सपनों की मुस्कान
न होगी मुखड़े की पहचान ।
रहेगा बस नयनों में नीर
छली जीवन होगा अनजान ॥

भरे पीड़ामय दुखिया गीत
बजाओ के जीवन की बीन ।
उदासी का होगा साम्राज्य
प्राण - रजु भी होगी अति क्षीण ॥

विकल मन का संभार सँभाल
कभी चाहोगे मन का प्यार ।
अधीरा आहों को कर कैद
कभी चाहोगे प्यार दुलार ॥

कौन देगा बाहों के हार ?

कौन देगा नूतन मधु प्यार ?

कौन देगा मुक्ता से हास

कौन देगा जीवन का सार ।।

कौन ममता बाहों में खींच

बिखेरेगा तब प्यार दुलार ?

कौन चुंबन की लड़ियाँ सींच

छिपा लेगा आंसू के हार ?

हरेगा कौन पंथ की पीर ?

कहेगा कौन करो विश्राम ?

लिए हाथों में अर्चन थाल

जगाए मन में नूतन काम ।।

स्वप्न की मृग मरीचिका साथ

बिखर जाएगा सब उल्लास ।

जागोगे जब यथार्थ में मूक

मिलेगा बस विपदा का हास ।।

पथिक! यह ही जीवन सत्य
न भटको तुम सपनों के बीच ।
न भूलो तुम यथार्थ की बात
न मसलो कर में लिए अतीत ॥

न देखो भावी के मधु स्वप्न
न ढूंढो गत में जीवन आस ।
रहो बस वर्तमान के बीच
वही देगा नित नव उल्लास ॥

○○○○○○

समाज

यह समाज है मानव का पर
    सच पूछो इंसान कहां है ?
        एक भयावह मृत्यु शांति है
            हलचल का तूफान कहां है ?

कहो कहाँ उल्लास हृदय का
    कहो कहां जीवन की हलचल ?
        कैसा भय यह मृत्यु सदृश है
            कहो कहां सरिता की कल कल ?

कहां गई मानव मानवता ?
    कहां गए सिद्धांत तुम्हारे ?
        कहां तुम्हारी नीति बताओ
            अधर बने क्यों शांत तुम्हारे ?

रे मनुष्य क्यों चुप चुप सा है ?
    है मनुष्यता कहां तुम्हारी ?
        कहां गए आदर्श तुम्हारे ?

धर्म प्रेम की नीति तुम्हारी ?

सत्य अहिंसा के नारों का
बोलो तो अस्तित्व कहां है ?
कहां गए वे पुरुष हमारे
उनका परम् कृतित्व कहां है ?

कहां जा छिपे वे बलिदानी
देशभक्ति की कहाँ कहानी ?
कहाँ गए आजाद भगत वे
कहाँ गयी झांसी की रानी ?

मानवता के सिद्धांतों पर
चलने वाला देश हमारा ।
किंतु कहां है अब मानवता
दया धर्म का अपना नारा ?

सब धर्मों को एक मान कर
चलने का जो पाठ पढ़ाये,
ऐसा शिक्षक कहां गया जो
अब मानव को मनुज बनाये ?

सिद्धांतों के कोरेपन को
तोड़ कार्य में उनको लाए,
वीर साहसी कौन कि जो
फिर इस धरती को स्वर्ग बनाये ?

कौन युवक ऐसा भारत में
जिसको मिट्टी से ममता है ?
कौन कृषक ऐसा है जग में
जिसके मन में भी समता है ॥

किसने जीवन स्वर्ग बनाया
किसने सोना राख बनाया ?
किसने अपने आदर्शों को
नष्ट किया निज नाम डुबाया ?

भारत है वह देश जहां का
बच्चा-बच्चा वीर सिपाही ।
भारत ही वह देश जहां की
नारी ने तलवार उठायी ॥

किंतु कहां है बे बालाएं ?
कहां वीर हैं वे सेनानी ?
है बस राख उसी ज्वाला की
वह अतीत बन गया कहानी ॥

वह अतीत का अपना गौरव
वह अपनी चमकी तलवारें ।
वह जौहर माता बहनों का
बहती वे शोणित की धारें ॥

वह गौरव आदर्श उच्चतर
आह बना अब गाथा गत की ।
नहीं किसी में ऐसा साहस
जो कि जला दे ज्योति विगत की ॥

आह भुलाना पड़ा उन्हें जो
जगती आंखों के सपने थे ।
छूट गए आदर्श सभी वे
जो कि कभी जीवन अपने थे ॥

और अब...

युवक वर्ग और युवक वर्ग उठ
   देख जरा अपने जीवन को ।
      भूल न वैभव के सपनों में
         आज जगा ले फिर तन मन को ॥

कुछ फिर से मत व्यर्थ गंवा दे
   तो बहुमूल्य दिवस जीवन के ।
      उठ फिर से तू आग लगा दे
         सपने पूरे कर ले मन के ॥

मानवता की पूर वर्तिका
   प्रेम स्नेह से दीपक भर दे ।
      क्रांति शांति की आग लगा कर
         जग का जीवन जगमग कर दे ॥

ऐसी आग जला दे मानव
   जिसमें जीवन - मल जल जाए ।
      ऐसी आंच दिखा दे जिससे
         अगुण लौह कण कण गल जाए ॥

उठ सोने का समय कहां है
    निशा गई प्रातः की लाली ।
        देती है संदेश नवल फिर
            मिटा वीर तू रजनी काली ॥

क्योंकि .....

देख तू अपनी आंखें खोल
    मिट गया आदर्शों का भार ।
        सो गया गौरव का अस्तित्व
            मृतक सा हुआ सकल संसार ॥

जलाया था जो जीवन - दीप
    कभी पुरखों ने शोणित सींच,
        बुझा जाता वह दीपक आज
            जला फिर उसकी बाती खींच ॥

लिखे पुस्तक में मसि के बन्द
    सिसकते हैं सारे सिद्धांत ।
        विहँसता है पर आज समाज
            किंतु भीतर है कितना क्लांत ॥

संभाले जो सारे सदधर्म
   हो गई जर्जर वह दीवार ।
      गिरेगी कब यह जाने कौन
         टिका जिस पर जीवन का भार ।।

कह रहा है हर रज – कण आज
बना, तू फिर से नया समाज ।।

० ० ० ० ० ० ०

प्रकृति

नभ के झिलमिल तारों में
वह धीरे   से मुस्काती ,
नीलम वादी में लुक छिप
चांदनी   नहाने   आती ॥

रजनी के श्यामांचल में
कोकिल के स्वर छुप जाते ,
खेतों के वक्षस्थल पर
जुगनू रह रह दिप जाते ॥

शशि हौले से आता है
लेकर अमृत समरसता ,
मिलने को प्राणप्रिया से
उमगित सा हँसता हँसता ॥

चांदनी छिपा लेती मुख
तारों   का घूंघट डाले ,
बज उठते हैं पग बंधन
नीरव के नूपुर वाले ॥

शशि वर रजनी चूनर को
थोड़ा सरका देता है ,

शुभ रूप चांदनी का निज
 बाहों में भर लेता है ॥

पलकों में जड़ देता है
 सोने से फूल निराले ,
  चुंबन मिस पी लेता है
   तम के कुंतल के प्याले ॥

बेसुध चांदनी पिया की
 बाहों में खो जाती है ,
  मधुबनी अनोखी संसृति
   सपनामय हो जाती है ॥

सतरंगी स्वप्न बिखरते
 हैं इंद्रधनुष रंगों में ,
  रँग जाते सुख दुख सारे
   मानव मन के अंगों में ॥

प्रति निशि देखा करती हूँ
 शशिकर का शशि से मिलना ,
  फिर निशि बीते तृण दल पर
   नीहार - कणों का हिलना ॥

पूछा करती हूँ मन से
संसृति से सोए जग से ,
रजनीरंजन वसुधा से
रजनी के नीरव मग से ॥

ये किस के आंसू है जो
यों बहते हैं ढलते हैं ,
कतरे किसकी पीड़ा के
दीपक से यूं जलते हैं ?

यह किस चकोर की पीड़ा
वसुधा का उर मलती है ?
शशि के सुख में यह किसके
दुख की माला गलती है ?

हैं किन नैनो के आंसू
वसुधा उर मध्य चमकते ?
रवि किरण - करों से चुनता

मोती अनमोल दमकते ॥

रजनी के काले अंचल
    में कितने तारे टांके ,
      यामिनी वधू का शशि मुख
        नभ - वातायन से झांके ॥

किस प्रिय की मौन प्रतीक्षा
    करती चुपचाप तमिस्रा ?
      चंचल चितवन कूची से
        कुछ लिखती मूक विचित्रा ॥

विधि का यह लेख नया है
    या मानव - मन की पीड़ा ,
      या परम तत्व लघु शिशु के
        शैशव की नन्हीं क्रीड़ा ।

ooooooooooooooooooooooooooooooooooooooo

समर्पिता

सजल नयनों में आंसू धार
    हृदय में हमजोली का प्यार ।
        विवशता का बिखरा साम्राज्य
            मधुर भावी सपना साकार ॥

अरी जाएगी प्रियतम द्वार
    गले में फूलों का नव हार ।
        बाँह जब हो उनकी श्रृंगार
            लजाएगी क्या पाकर प्यार ?

सखी मत लज्जा घूंघट डाल
    सकुच में रजनी जाए बीत ।
        बहन , अंखियों के मादक स्वप्न

न जाएं इन अंखियों में रीत ॥

बसा लेना साजन का प्यार
मिलेगा फिर अनुपम उपहार ।
हृदय में होंगे मधुमय भाव
मिलेगा जब जीवन का सार ॥

किंतु जाओगी हमको भूल
मिलेगा जब अभिनव संसार ।
न आएगी सखियों की याद
मिलेगा सखि जब उनका प्यार ॥

भरे थे जब वे दृग बेचैन
आह, तड़पा था उर का प्यार ।
इन्हीं सखियों की ममता बीच
मिला था शैशव का संसार ॥

बिताया था बचपन चापल्य
इन्हीं से आंख मिचोली खेल ।
रूठना वह मन की मनुहार
खेल औ चंचलता का मेल ॥

छूट जाएगा यह संसार

भुलाऊंगी बाबुल का प्यार ।

अरे कैसा होगा वह स्वप्न

छीन लेगा जो सारा सार ॥

जन्म देकर जननी ने हाय

दिया था मुझको कितना प्यार ।

आज उनकी ममता   बेचैन

हुआ क्यों मेरा जीवन भार ?

मिला क्यों नारी का तन हाय

परायापन जिसका सिंगार ।

कौन अपना है मां को छोड़

पराया है क्या वह भी प्यार ?

जिसे परिचय की सीमा बीच

न पाई कभी हृदय में देख ।

वही होगा जीवन आधार

अनोखी नारी जीवन रेख ॥

न जाने होगा कैसा रूप
    हृदय के जाने कैसे भाव ।
        मृदुल होंगे या वे पाषाण
            न जाने हो कैसा सुलझाव ॥

किसी अनजाने को यूं देख
    सौंपना होगा अपना भाग्य ।
        हँसू या रोऊँ अब मैं आज
            कहूं किस्मत या फिर दुर्भाग्य ॥

बनेगा मेरा जीवन स्वप्न
    न जाने किस वादी में कौन ।
        न जाने डगमग करते पाँव
            संभालेगा भावी बन कौन ॥

यहां भाई माँ अपनों बीच
    बढ़ी है यह जीवन की बेल ।
        बहन का पाकर मृदुल ममत्व
            जगा जीवन सपनों में खेल ॥

विकल मन पर माता का प्यार

अनमना उर अपनों का सार ।
छोड़कर यह मधुमय संसार
भला पाऊंगी किसका प्यार ॥

विधाता कितना बड़ा कठोर
दिया क्योंकर मानव का रूप ।
जिसे जीने को जीवन भार
चिता में खिलती मन की धूप ॥

इन्हीं गलियों में वसुधा अंक
पिलाता था नैनो को प्यार ।
इसी शुभ नील गगन का रंग
दिखाता सपनों का संसार ॥

सितारों की झिलमिल के बीच
न जाने खेली कितनी बार ।
विकलतामय कितने ही भाव
सृष्टि सुषमा में होते क्षार ॥

आह यह सब सपनों सी बात
हमें जाना होगा उस पर ।

प्राय होगा अपना सत्त्व
बनेगा अपना धूमिल सार ॥

निठुर बन कर माता ने आज
किया मेरा सुंदर श्रृंगार ।
हृदय करती हैं वे पाषाण
नयन से बहती है जलधार ॥

सभी सखियां ये आंखें पोंछ
कर रहीं फूलों से श्रृंगार ।
झिलमिलाते हैं नूतन वस्त्र
चुनरिया में साजन का प्यार ॥

खनकते वलयवृन्द में आज
भरा है उनका ही मधुराग ।
नूपुरों की रुनझुन में आज
उन्हीं का स्नेह रहा है जाग ॥

वही है सत्य मोह मैं आज
न बांधूंगी मैं मन को और ।
छोड़ देंगे ये बनकर गैर

वहीं तो पाऊँगी मैं ठौर ॥

स्वजन अपने मन पर रख भार
    कर रहे हैं डोली तैयार ।
        सोचती हूँ मैं बीथि मौन
            न जाने क्या होगा उस पार ॥

उल्लसित उर में कितना प्यार
    शूल सम अथवा अति सुकुमार ।
        क्या पता हो अधरों पर हास
            नयन में या आँसू की धार ॥

उन्हीं से ले अनुपम उपहार
    सजा ली मैंने अपनी मांग ।
        अजाने को निज जीवन सौंप
            प्रतीक्षामय कर डाला भाग ॥

सजी डोली चुपके से बैठ
    नूपुरों की दबती झनकार ।
        चूड़ियों का स्वर करती मौन
            आ गई मैं प्रियतम के द्वार ॥

प्रतीक्षा भर भर आते नैन

राह तकती थी आंखें मौन ।

सिहर उठता रह रह कर गात

न जाने है वह मधुमय कौन ॥

मगों में पलकें युगल पसार

देखती थी मैं उनकी राह ।

भला आवें भी देखूं आज

यही थी केवल मन में चाह ॥

प्रतीक्षा का होना था अंत

चंदनी सेज बनी अंगार ।

बिखरती स्वर्णिम लपटों बीच

मिला मुझको प्रियतम का प्यार ॥

चिता की सुंदर सेज सँवार

और फिर उनकी वह मनुहार ।

पहनकर ज्वालाओं के वस्त्र

अग्नि का पाया प्रिय उपहार ॥

धधक उठती लपटें रह मौन

चटक जाता काया का रूप ।

धूम्र की मलिन रेखियों मध्य

मिटी जाती माया की धूप ॥

उठाती कैसे आंखें हाय

भरी थी उनमें कितनी लाज ।

सजन घूंघट चुपके से खोल

सधाते पल में लाखों काज ॥

सहम काँपा था कोमल गात

किया जब आलिंगन में बद्ध ।

चरमरा टूटे लज्जा - बंध

प्राण थे उनमें ही आबद्ध ॥

बिखरती इन अलकों के जाल

दिया करते थे मुखड़ा ढाँक ।

उन्होंने अपने हाथ संभाल

दिया अंगार सुमन सा टांक ॥

हृदय में कितने मधुरिम भाव
जगे जाते पाकर पल एक ।
हुई हर आशंका निर्मूल
मिली मुझको जीवन की टेक ॥

विदाई कर माता ने आज
किया कितना मुझ पर उपकार ।
न आती यदि प्रियतम के द्वार
कहां पाती फिर इतना प्यार ॥

स्वजन ने रखकर उर पर भार
करी   मेरी   डोली   तैयार ।
मानती उनका भी आभार
मुझे जो लाये इनके द्वार ॥

स्वजन छूटे तो छूटे जाएं
नहीं मुझको अब उनकी चाह ।
सजन के बतलाए पथ लाख
इन्हीं में से चुन लूंगी राह ॥

रहें यह मेरे पास परंतु
पास रहकर भी थोड़े दूर ।
हृदय में मेरे इनका वास
प्राण में इनका मद भरपूर ॥

हृदय हर स्पंदन में मंद
तीव्र इनका सुर हो सायास ।
इन्हीं को पाऊँ मैं हर ओर
बुझे पर मेरी कभी न प्यास ॥

प्यास ऐसी जग जाये आज
रहूँ युग युग तक प्यासी किंतु ।
इन्हीं में जागे मेरी प्यास
इन्हीं में जगकर पाये अंत ॥

'प्रिये' उनने घूंघट पट खोल
कहा - 'आती अपनों की याद ?'
श्रवण में मानो मधुरस घोल
जगाई सोयी मन की साध ॥

सिहरती पलकें धीरे खोल

उन्हें देखा जब पहली बार ।
उठी मन में बस इतनी चाह
इन्हीं को देखूं बारंबार ॥

बिखरती अलकों के शुभ जाल
बनाकर छवि ली उनकी बांध ।
उन्हीं में कर डाला सुप्रभात
उन्हीं में कर ली मधुमय शाम ॥

हो गया सुख पल युग पर्यंत
अनोखी है कितनी यह बात ।
उलझते हैं दुख के पल किंतु
यहां बढ़ता है सुखद प्रभात ॥

यामिनी का वह टुकड़ा एक
समय का वह नन्हा प्रतिमान ।
युगों का छोटा सा प्रतिबिंब
पलों का वह बढ़ता दिनमान ॥

उसी पल कुछ क्षण में ही ओह
लगा बीते कितने युग आज ।

न जाए यूं ही जीवन बीत

सोच सकुचा कर भागी लाज ॥

गगन में सुंदर शशि सुकुमार

चांदनी की मादक बरसात ।

रुदन स्वर के शहनाई वाद्य

शून्य में घुली मिली थी रात ॥

झिलमिली में तारों के मध्य

छिपा था कलरव का साम्राज्य ।

जगत बैठा था सहमा मौन

धरा को तम करता अविभाज्य ॥

सहम घबरा ढूंढा आधार

सजन ने ली बढ़ बाहें थाम ।

मुझे अपनी बाहों में भींच

दिया अनुपम अभिनव विश्राम ॥

न जाने कब स्वर लहरी कौन

विजन में आयी लेकर ज्योति ।

गगन मादकतामय संसार

मधुरता बिखराती वह दीप्ति ॥

बंधी उनकी ममता के बीच
सहमती थी मैं बारंबार।
कहीं खो जाय न यह अवलंब
भला होगा कैसे निस्तार ॥

अधर में मुस्काए मधु हास
देख आतुर आकुल उर दीन।
सबल कर से मेरा कर थाम
किया मेरे कलुषों को क्षीण ॥

'कहो क्या मुझ पर है विश्वास ?
मुझे सौंपोगी अपना भार ?'
उन्होंने पूछा सहज स्वभाव
दिया तब मैंने निज मन वार ॥

किया प्रिय ने यह कैसा प्रश्न
नहीं क्या वे मेरे सिंगार ?
करूंगी फिर किस पर विश्वास
न ले पाई यदि उनका प्यार ?

उन्ही पर न्योछावर उर आज
लिये भावों का नव भंडार ।
उन्हीं को देकर अपना भार
सहज हो लूंगी पहली बार ॥

झुकी पलकें तब पूरी खोल
नयन में भरकर सुंदर रूप ।
अधर निज खोले पहली बार
प्राण मेरे , अनुराग अनूप ॥

विगत की मेरे मधुमय याद ।
मधुर भावी के स्वर्णिम स्वप्न
हृदय मेरे , ओ प्राणाधार !
लगन मन की ओ जीवन मग्न ॥

सरस मेरे अधरों के हास
विकल मेरे अँसुअन की धार ।
हृदय की मेरे आतुर जीत
विकलता की टूटी सी हार ॥

रहूँ तुम में युग युग पर्यंत
तुम्हीं मेरे अविरल विश्वास ।

तुम्हीं में छुपा रुदनमय हास
तुम्ही होना जीवन उल्लास ॥

प्राण , तुम ही थे मेरे स्वप्न
न जाने पाया कितनी बार ।
खो दिया अनजाने में किंतु
पूर्ण पाया अब पहली बार ॥

मिले मुझको यह अक्षय प्यार
न होऊँ तुम में एकाकार ।
पुजारिन रहूँ अर्चना - दीप
सजाऊँ पल में शत-शत बार ॥

कहो तो मेरे प्राणाधार
चढ़ा दूं पूजा के दो फूल
तुम्हारे अर्चन में तन - दीप
जला कर सुध बुध जाऊं भूल ॥

न पाई मैं तुमको पहचान
मिले तुम जाने कितनी बार ।
सकी अल्पज्ञ न तुमको जान

खिले तुम सुमनों में सुकुमार ॥

उपवनों में खिलते जब फूल
मुस्कुराए कितनी ही बार ।
कली की पंखुड़ियों के बीच
छिपा था इन अधरों का प्यार ॥

झिलमिली की करके जब ओट
सितारे हंसते थे   अनजान
सितारों की गलियों के मध्य
तुम्हारी ही थी वह मुस्कान ॥

धरा की छाती से सुकुमार
फूटता था अंकुर बन प्यार ।
तुम्हीं तो बनकर अनुपम राग
किया करते थे मधु मनुहार ॥

अचेतन में कितनी ही बार
पुकारा लेकर प्रिय का नाम ।
रही पर मूढ़ न पाई जान
मिला पर यह सुंदर परिणाम ॥

तुम्हीं ने पीड़ाओं के बीच
दिया था बिंधा हृदय का हास ।
तुम्हीं तो घटनाओं के बीच
किया करते मेरा उपहास ॥

तुम्हीं ने आंसू का साम्राज्य
थमा कर छीन लिया था हास ।
सौंपने को निज मधुरिम प्यार
किया था क्या मुझसे परिहास ॥

प्राण , तुमने कितनी ही बार
अलख बन कर ली बाहें थाम ।
लड़खड़ाई तो बन अवलम्ब
तुम्हीं ने सार दिये सब काम ॥

छला मुझको कितनी ही बार
छली , मेरे जीवन , ओ मान ।
अमर तुम तो हो उपमाहीन
कहां से दूं तुमको उपमान ॥

किंतु अब इन चरणों की धूल

सजाकर मैं माथे पर आज ।

करूंगी ममता का श्रृंगार

प्यार का दूंगी तुमको ताज ॥

चलो प्रिय जीवन के उस पार

बंधनों को कर डालो क्षीण ।

जहां हो सपनों का साम्राज्य

विश्व अनुपम वह सीमाहीन ॥

मिले दुख सुख बन जाए किंतु

न हो छल का काला संसार ।

जहां सब अपने हों हर दीप

प्यार से होता हो उजियार ॥

जगा लूँ तुममें मैं विश्वास

सजा लूं मधु क्षण के उपहार ।

तुम्हारी प्रेम सुधा के बिंदु

समेटूँ आंचल में शत बार ॥

तुम्हीं हो मुझ आधी के अंश

तुम्हीं में हो जीवन संपूर्ण ।

तुम्हीं में हो आँसूमय हास
व्यथा मय जीवन में सुख चूर्ण ॥

देव ! मेरे जीवन शृंगार !
हमारे सुख-दुख के मधु भार ।
तुम्हारे इन चरणों पर आज
समर्पित तन मन जीवन सार ॥

::::::%::::::::::%:::::::::::%:::::::::::%::::::::::इति::::::::%:::::::::::%:::::::::%
:::::::::::%:::::::::;